SOCIÉTÉ

DE

PROPAGANDE COLONIALE

L'ALGÉRIE

CONFÉRENCE

DE

M. Félicien MICHOTTE

EXTRAITS DES STATUTS

I

BUT. — Le but de la Société est de faire connaître nos colonies, leurs produits et les travaux de nos explorateurs :

1° Par des conférences publiques et gratuites ;

2° Par la publication d'un Bulletin ;

3° Par des récompenses décernées aux conférenciers, auditeurs ou auteurs de travaux.

II

La Société se compose :

1° De membres actifs payant 6 fr. par an ;

2°   —   patrons payant 15 fr. par an ;

3°   —   adhérents payant 3 fr. par an ;

4°   —   d'honneur formant le Comité de patronage.

5° De membres fondateurs payant 300 fr. une fois versés.

Toutes les fonctions de la Société SONT GRATUITES.

Les fonds reçus sont intégralement consacrés à sa propagande.

La Société prête gratuitement son concours à toutes les Sociétés ou Associations : Chambres de commerce, Municipalités, etc.

La Société fait appel au concours des instituteurs et des conférenciers, ainsi qu'aux personnes qui voudraient l'aider à créer des sections en province ou dans les colonies.

Elle fournit aux conférenciers les conférences, les vues, les cartes et lanternes nécessaires.

Pour tous renseignements, s'adresser au siège.

BULLETIN

DE LA

SOCIÉTÉ DE PROPAGANDE COLONIALE

SOCIÉTÉ

DE

PROPAGANDE COLONIALE

FONDÉE EN 1892

Autorisée par Arrêté ministériel du 12 février 1897

POUR LE DÉVELOPPEMENT DES

CONNAISSANCES COLONIALES ET GÉOGRAPHIQUES

PAR DES

CONFÉRENCES PUBLIQUES ET GRATUITES

BULLETIN TRIMESTRIEL

N° 5

(Octobre-Novembre-Décembre 1899)

L'ALGÉRIE

PREMIÈRE CONFÉRENCE

PAR

Félicien MICHOTTE

SIÈGE SOCIAL

21, RUE CONDORCET, 21

PARIS

PORT D'ALGER

L'ALGÉRIE

Par Félicien MICHOTTE.

GÉOGRAPHIE PHYSIQUE

L'Algérie séparée de la France par la Méditerranée en est le prolongement naturel, elle est en effet renfermée entre le méridien d'Ajaccio et celui de la Rochelle. Alger est à soixante kilomètres du méridien de Paris.

Elle est formée par un vaste rectangle représentant 670.000 kilom. carrés (la France n'a que 536.408 kilomètres carrés), borné au Nord par la Méditerranée, à l'Est par la Tunisie, à l'Ouest par le Maroc et au Sud par le désert du Sahara ; parallèlement à la Méditerranée, de l'Est à l'Ouest, elle a 1.100 kilomètres de longueur et du Nord au Sud près de 800 kilomètres.

Pays très accidenté au Nord, plat au Sud, telle est l'Algérie.

Au Nord nous trouvons deux immenses chaînes de montagnes : c'est l'Atlas qui prend naissance à l'Ouest dans le Maroc et jette parallèlement à la Méditerranée deux branches écartées de 150 à 200 kilomètres, se réunissant et se soudant ensemble à l'Est aux confins de l'Algérie, pour se séparer à nouveau et finir sur les côtes de la Tunisie.

Ces deux branches sont désignées sous les noms d'Atlas tellien, au Nord, et d'Atlas saharien, au Sud. Elles comptent d'assez nombreux sommets, dont les plus importants sont dans l'Atlas saharien :

Le Djebel Tnouchfi......	1842 mètres.	
L'Ouarsenis	1985	»
Le Lalla Khedidja.......	2310	»
L'Adrar........	2500	»
Le Babor.	1970	»

(1) Plusieurs conférences suivront et formeront un ensemble sur l'Algérie et sa colonisation.

Clichés prêtés par la Revue l'*Expansion coloniale française*.

Dans l'Atlas saharien :

Le Djebel Aïssa......... 2250   »
Le Chelia............. 2330   »

Elles referment entre elles un vaste plateau, d'altitude élevée, et divisent l'Algérie en trois régions :

1° La région du Tell.

2°   —   des Hauts-Plateaux.

3°   —   du Sahara.

Le Tell : La chaîne de l'Atlas tellien se développe suivant les bords de la Méditerranée par des falaises à pic, en certains points des creux formant de vastes plaines, lesquelles constituent la région du Tell.

Les Hauts-Plateaux sont la région renfermée entre les deux chaînes de l'Atlas, ils forment un vaste triangle s'élevant graduellement de l'Ouest à l'Est et atteignant l'altitude de 700 à 1.000 mètres dans la province de Constantine.

Le versant sud de l'Atlas saharien descend graduellement et se perd dans le désert du Sahara.

Les deux premières régions, le Tell et les Hauts-Plateaux, constituent l'Algérie cultivable.

La troisième, le Sahara, est la région des oasis.

Ces trois régions présentent des caractères très différents par leur hydrographie et leur climat, ce qui conduit à des zones d'exploitation très différentes l'une de l'autre.

HYDROGRAPHIE

Le littoral commence au cap Roux en Tunisie et finit à l'embouchure de l'Oued Kiss, soit, en ligne droite, 1.100 kilomètres, et en développant les sinuosités 1.300, dans lequel on ne rencontre que de simples baies et des caps ; il n'y a ni golfes ni presqu'îles, mais de hautes falaises dressent partout leurs escarpements ; quelques brèches et quelques plages, constituant les plaines de Bône, de la Mitidja près d'Alger, du Sig près d'Oran, coupent en quelques points les falaises.

Dans les diverses baies ont été créés des ports, dont les principaux sont à Bône, à Philippeville, à Bougie, à Alger, à Arzeu, à Oran et à Nemours.

CLIMAT

Le climat de l'Algérie est variable : sur le littoral, la brise de la Méditerranée tempère la chaleur des Hauts-Plateaux et conserve à l'hiver une température douce, la neige y est rare, et, l'été, il est abrité du siroco par les montagnes.

Sur les Hauts-Plateaux c'est la température élevée l'été, augmentée du souffle brûlant du siroco venant du désert et que ne peut tempérer la brise méditerranéenne arrêtée par le rideau formé par les montagnes de l'Atlas tellien.

L'hiver, c'est une température très basse, et les neiges très abondantes.

Sur le versant sud de l'Atlas saharien c'est la température tropicale, sèche et brûlante du Sahara.

PLUIES

Les pluies commencent en septembre et finissent en mai ; elles sont peu fréquentes mais torrentielles, car elles varient énormément ; il en tombe annuellement 1m20 en Kabylie et 20 centimètres dans le Sahara.

FLEUVES ET RIVIÈRES

L'Algérie est un pays sans fleuves, car elle n'en possède qu'un seul et quelques rivières, soumises au régime torrentiel l'hiver et à la sécheresse l'été ; elles sont connues sous le nom d'Oued, et forment l'été d'immenses tranchées au fond desquelles coule un mince filet d'eau, et l'hiver ce sont par moments des torrents impétueux débordant de tous côtés et détruisant tout.

Dans ces conditions, aucune navigabilité des rivières n'est possible ; l'établissement d'ouvrages d'art y est très difficile, car le courant torrentiel les enlève.

Le seul fleuve digne de ce nom par son long parcours de 700 kilomètres est le Chéliff, qui prend sa source dans l'Atlas saharien, traverse les Hauts-Plateaux et se déverse dans la Méditerranée près de Mostaganem. Les autres oueds prennent leur source dans l'Atlas tellien et s'écoulent dans la Méditerranée ; tels la Seybouse à Bône, le Rummel à Constantine.

Les oueds issus des versants intérieurs de l'Atlas se déversent dans des lacs ou chotts qui se trouvent en grand nombre dans les Hauts-Plateaux et ceux issus des versants du sud de l'Atlas se déversent dans des chotts situés dans le Sahara.

Hydraulique agricole. — La nécessité de recueillir l'eau pour les besoins de l'agriculture, sa faible quantité qui la rend précieuse ainsi que la difficulté de la conserver, ont conduit à construire d'immenses réservoirs destinés à conserver l'eau des crues et à la répandre ensuite. Le réservoir de Marengo a une capacité de

14 millions de mètres cubes, celui du Fondouck une capacité de 14 millions, et ils irriguent de concert avec celui de Bou-Roumi, la plaine de la Mitidja, près d'Alger.

Dans la plaine de l'Habra, près d'Oran, c'est le barrage de l'oued Fergoug qui contient 30 millions de mètres cubes ; celui du Sig qui, placé sur le Chéliff, irrigue la plaine du même nom ; d'autres s'établissent actuellement.

LE TELL

Le Tell est la région du littoral comprenant 14 millions d'hectares, renfermant les grandes plaines de Bône, de la Mitidja, près d'Alger ; du Chéliff, près d'Oran, où la culture présente son maximum d'intensité. Le Tell constitue la partie la plus riche de l'Algérie ; c'est là où le climat est le plus doux et le plus régulier ; l'hiver ne se fait sentir que sur les parties montagneuses.

On y cultive les céréales, la vigne, l'olivier, l'oranger, le caroubier, le citronnier.

LES HAUTS-PLATEAUX

La partie élevée, encaissée entre les deux chaines de l'Atlas, constitue les Hauts-Plateaux ; ce sont de vastes steppes couvrant 11 millions d'hectares et dont l'altitude est de 700 à 1.000 mètres ; présentant vers le centre de vastes dépressions intérieures, sortes de lacs appelés chotts ou sebkhas, certains d'entre eux mesurent de 50 à 150 kilomètres de long, recevant l'eau des deux versants de l'Atlas ; ils présentent l'été de vastes espaces de surfaces sèches recouvertes de sel, et l'hiver des sortes de marais à eau vaseuse et saumâtre.

La température y est très variable et y atteint en été le maximum, 40° et 45°, et, en hiver, le minimum, 10° à 12° au-dessous de zéro.

C'est, en certains points, la région de culture des céréales, dans d'autres des régions de pâturages, de forêts ou d'alfa.

L'alfa est une graminée spéciale à ces régions et qui, tout en donnant la nourriture aux chameaux, donne une fibre servant aux indigènes pour confectionner des cordes, des nattes et des paniers et à l'industrie européenne le papier d'alfa.

Cette dernière exploitation, qui a pris un développement considérable et occupe de 8 à 10,000 ouvriers, dont une grande partie vient d'Espagne, se chiffre annuellement par 3 millions de quintaux représentant de 35 à 40 millions de francs.

LE SAHARA

Le Sahara est l'immense territoire situé au sud de l'Atlas, sans limites définies, présentant actuellement 12 à 1.300 kilomètres du Nord au Sud, et autant en largeur.

Cet immense espace est sans eau, sans végétation et sans population ; il subit la température torride de 50° le jour et n'a que zéro la nuit. La terre y est si dure qu'elle ne permet pas la moindre pénétration du sol ni par l'eau, ni par la végétation ; en quelques points des dunes de sable, en d'autres des collines de 150 mètres de haut ou aregs, plus perméables, permettent une végétation suffisante pour l'élevage de modestes troupeaux.

OASIS DE BISKRA

Sous ce sol desséché coulent de véritables fleuves : l'homme a su les trouver et a capté, à l'aide de puits artésiens, l'eau nécessaire à la vie et y a ainsi créé l'oasis.

L'oasis est un lieu de verdure dans ce désert où, à l'ombre du palmier, l'homme vit, cultive le blé ou l'orge, et y élève ses troupeaux.

Le palmier, c'est l'arbre de vie du désert ; grâce à son ombre, il permet la vie sous ce soleil de feu ; son fruit, la datte, est le pain quotidien de l'habitant ; ses fibres lui donnent des cordes,

des nattes ; ses feuilles servent pour son habitation et de nombreux usages journaliers.

Le palmier ne peut vivre que si ses racines sont baignées dans l'eau, aussi la richesse de l'oasis est-elle en raison même de l'eau qu'on y trouve.

Beaucoup de ces oasis ont été créées par la colonisation française et les plus importantes sont celles de l'Oued-Rir, où il y a plus de 13,000 habitants, grâce à près de 200 puits débitant 400 mètres cubes d'eau à la minute.

Si la civilisation romaine avait laissé sa trace sur les bords de l'Algérie, la civilisation française, elle, l'a poussée au loin, et tous les jours, grâce aux puits artésiens et à la création des oasis, elle pénètre plus au cœur de l'Afrique, donnant la vie là où il n'y avait qu'un sol délaissé des plus infimes plantes et des plus infimes animaux.

DIVISION POLITIQUE

L'Algérie est un territoire appartenant à la France, en toute propriété, régie par les lois françaises avec certaines lois spéciales pour conserver aux musulmans leurs mœurs et leurs usages.

VUE CENTRALE D'ALGER

Elle est gouvernée par un gouverneur nommé par le ministre de l'intérieur, fonctionnaire ayant un rang supérieur à celui du préfet de la Seine et ayant sous ses ordres trois préfets et plusieurs sous-préfets.

L'Algérie est divisée en trois départements formés par trois bandes longitudinales allant du Nord au Sud et ayant pour chefs-lieux Alger, Oran et Constantine.

Chaque département se subdivise lui-même au point de vue administratif en territoire civil, territoire militaire ou de commandement.

Le territoire civil, administré par le préfet, est divisé comme en France en villes et en communes ayant à leur tête des municipalités, mais il comprend deux sortes de communes : la commune de plein exercice, qui est la commune administrée comme en France avec maire et adjoints et dans laquelle l'élément indigène est très peu nombreux ; la commune mixte, dans laquelle les indigènes sont en majorité, et où le maire est remplacé par un fonctionnaire appelé administrateur civil.

Le territoire militaire est localisé par le Sahara ; l'élément indigène s'y trouve à peu près seul ; l'autorité est alors exercée dans les communes dites communes indigènes par l'autorité militaire.

VUE D'ALGER

Les trois départements sont :

Le département d'Alger, chef-lieu Alger ; sous-préfectures Miliana, Médéa, Orléansville, Tizi-Ouzou.

Le département d'Oran, chef-lieu Oran ; sous-préfectures Mascara, Mostaganem, Tlemcen, Sidi-bel-Abbès.

Le département de Constantine, chef-lieu Constantine ; sous-préfectures Bône, Bougie, Guelma, Philippeville, Sétif et Batna.

POPULATION

La population de l'Algérie est d'environ 4 millions d'habitants, lesquels appartiennent, par suite des différents peuples qui furent possesseurs de l'Algérie dans les temps passés et des émigrations présentes, à des races très diverses.

Nous trouvons l'élément indigène, comprenant les Berbères, premiers habitants de l'Algérie, puis les Arabes et les Turcs, descendants de ces peuples, puis les Maures, individus issus du mélange de ces deux races, les Kouloughis, fils de femmes arabes et de Turcs. et enfin les nègres venus d'un peu partout.

Tout cet ensemble est de religion musulmane et représente plus de 3 millions d'individus.

Nous avons ensuite :

Les Français	318,137
Les Espagnols	150,000
Les Italiens	50,000
Les Israélites	40,000
Les Maltais	15,000
Les Allemands	5,000

Sur ce nombre plus de 200.000 sont nés dans la colonie.

VILLES ET COMMUNES

L'importance des villes est la suivante :

Alger	75,000	habitants.
Oran	70,000	»
Constantine	45,000	»
Tizi-Ouzou, Bône et Tlemcen	30,000	»
Blidah	25,000	»
Philippeville, Sidi-bel-Abbès	20,000	»
Mustapha, Mascara, Médéa, Hausson-villers, Mostaganem	15,000	»
Sétif, Bougie, Saint-Denis-du-Sig.	10,000	»

Pour les communes mixtes : Fedj-Mezala, Guergour, Fort National, Djurjura, plus de 60,000 habitants.

Ammi-Moussa, Akbou, Azeffoun, l'Hillil, Sidi-Aicke, plus de 50,000 habitants.

Palestro, Aumale, Chéliff, Dra-el-Mizan, El-Milia, plus de 40,000 habitants.

Pour les communes indigènes :

Biskra.......................	110,000	habitants.
Djelfa	50,000	»
Ghardaia	40,000	»
Aflou........................	35,000	»
Boghar, Bou-Saadaa, Tébessa, Bat-na	25,000	»

PRODUCTION DU SOL

Agriculture.

Etudions les productions du sol au point de vue agricole et au point de vue minier.

Au point de vue agricole, nous pouvons cultiver dans le Tell et spécialement dans le Sahel, représenté par ces magnifiques plaines du Chéliff, du Sig, de la Mitidja, de Bône, tous les légumes, tous les fruits et toutes les céréales de France ; c'est là où la vigne donne son maximum ; nous y trouvons en plus l'oranger, le citronnier, le caroubier, le grenadier, l'olivier, l'ananas, le figuier, le pistachier ; on peut y cultiver la ramie.

OASIS DE TOUGOURT

Sur les Hauts-Plateaux, on cultive plus spécialement les céréales, le blé, l'orge, le seigle, et l'on y pratique l'élevage du cheval, de l'âne, du mouton, du chameau, et la culture spéciale de l'alfa.

**

Dans le Sahara, nous avons le dattier et sous son ombre nous pouvons cultiver le figuier, l'abricotier, le grenadier, l'oranger, toutes les céréales et même les asperges, et une plante textile, l'agave, préconisée pour sa fibre et pour fixer les dunes (1).

Nous y ferons l'élevage des animaux domestiques et du mouton.

Tout le sol de l'Algérie est donc propre à l'agriculture, et si celle-ci est plus difficile à exécuter par la température élevée et la difficulté due à l'eau, ses rendements sont aussi en proportions plus élevées, et, grâce à l'emploi peu coûteux de la main-d'œuvre indigène, elle est largement rémunératrice, surtout si nous ajoutons que le prix d'acquisition de la terre y est peu coûteux.

Les forêts y occupent près de 3 millions d'hectares ; c'est une infime surface, comparée à ce qu'elle était du temps des Romains. On y trouve le chêne, le chêne-liège, le thuya, l'eucalyptus, l'olivier sauvage, le pistachier, le caroubier, le genevrier, le pin d'Alep, le pin maritime.

De tous ces arbres c'est le chêne-liège qui par l'exploitation de son écorce donne le plus riche revenu à l'Algérie.

PÊCHE

A ces produits du sol, il faut joindre ceux de la mer qui constituent une grande richesse pour les populations riveraines ; la pêche est une industrie prospère. On y pêche également le corail et on y élève l'huître perlière.

PRODUITS MINIERS

Le sol de l'Algérie contient des mines de fer (Aïn Mokra), de plomb, de zinc, de cuivre, d'argent, de mercure ; il renferme d'importants gisements de phosphate, cette matière si précieuse pour développer les rendements de nos cultures ; des gisements de pétrole sont à l'étude ; il existe de nombreuses carrières de marbres blancs, noirs, de l'onyx.

INDUSTRIE

L'industrie indigène est peu développée, elle se renferme dans l'utilisation de certains produits, tels que la laine, les peaux, l'alfa.

L'industrie indigène nous donne néanmoins de magnifiques tapis de haute laine tissée par les femmes, des couvertures, des

(1) M. Michotte. Société Nationale d'Agriculture.

burnous ; la peausserie donne les objets de harnachement, les divers objets d'usage, journaliers, bourses, sacs.

L'utilisation de l'alfa donne la vannerie, les nattes, les paniers et les corbeilles.

L'industrie des armes, aujourd'hui bien délaissée, celle des sabres et des couteaux ; la fabrication d'objets en cuivre martelé et ciselé, celle des meubles indigènes sont encore en grand honneur.

INDUSTRIE EUROPÉENNE

L'industrie européenne s'accroît tous les jours ; actuellement l'on trouve : la fabrication du vin, qui est la plus importante ; des huileries, des distilleries, des moulins à blé ; la fabrication des conserves de sardines et de thon ; celle des fruits, la fabrication des essences et des parfums.

Mais combien encore d'industries nouvelles pourraient y trouver place et y prendre la place qui leur est due !

PORTS ET CHEMINS DE FER

L'Algérie porte le long de ses côtes de nombreux ports de cabotage ; les trois principaux ports de commerce sont Alger. Oran et Philippeville ; après eux viennent Bône, Bougie, Djidjelli, Arzeu.

Un chemin de fer traverse l'Algérie de l'Est à l'Ouest, d'Oran à Bône, et jette de Constantine une ligne sur Biskra ; d'Oran une ligne sur Saïda, et dans un avenir proche l'une de ces lignes, ou une nouvelle partant d'Alger ira sous le nom de transsaharien porter au fond du Sahara, à Ouargla, les produits de nos manufactures.

COMMERCE

Nous demandons à l'Algérie pour 245 millions de francs, et nous lui fournissons pour 216 millions de francs.

L'étranger lui achète pour 50 millions et lui vend pour 60 millions. Le commerce général est donc pour l'Algérie : exportation, 295 millions, et 276 millions à l'importation ; soit un total de 571 millions. Avant notre occupation, il était seulement de 8 millions.

NOTE

Ajoutons qu'il faut 27 à 32 heures pour aller de Marseille à Alger ; 40 à 45 heures pour Bône et Oran, et que le voyage coûte 55 francs en seconde, 25 en troisième et 12 francs en quatrième classe.

La vie en Algérie demande des conditions spéciales ; sans ces conditions, quel que soit le capital, l'insuccès est certain.

Le colon doit surtout au début faire tout par lui-même et éviter tout luxe, tout achat ou toute dépense qui n'est pas strictement nécessaire.

De la méthode et de l'endurance dans le travail, et le succès est au bout, et l'on peut citer le cas, évidemment moins facile à réaliser aujourd'hui, de ce colon qui a débuté comme employé, sans fortune, et qui aujourd'hui a un compte ouvert, à la banque d'Algérie, se chiffrant par 5 millions de francs, c'est dire que ses propriétés valent un nombre respectable de millions.

BULLETIN

DE LA

SOCIÉTÉ DE PROPAGANDE COLONIALE

Fondée en 1892

21, Rue Condorcet, PARIS.

BULLETIN TRIMESTRIEL

N° 5

(Octobre-Novembre-Décembre 1899.)

OUVERTURE DES CONFÉRENCES

Séance du 29 novembre 1899.

L'ouverture des conférences a été faite dans la salle des Fêtes de la Mairie du IVᵉ arrondissement, par une séance présidée par M. Ainolrault, chef du cabinet de M. le Ministre des Colonies, délégué par M. Decrais, celui-ci s'étant trouvé empêché au dernier moment — assisté de M. Michotte, président ; MM. Mager, Gréverath, d'Estrées, vice-présidents, et des membres du comité : MM. Blanc, Ledermann, Clopin, Dufourcq, Songy, Mortreux. M. G. d'Estrées, délégué de l'Office colonial, et divers délégués des Sociétés coloniales avaient pris place autour du président.

Après une courte allocution du président signalant les services rendus par la Société, M. Ainolrault félicite les membres des résultats obtenus et annonce les nominations de M. Michotte comme officier du Dragon d'Annam et de M. D. de la Monnoye, trésorier, comme chevalier du Cambodge.

M. Henri Mager prend la parole et démontre, avec l'éloquence et la netteté qui caractérisent ses conférences, la nécessité des colonies. Sa patriotique démonstration est saluée par de nombreux applaudissements. Des projections coloniales terminent cette conférence, à laquelle assistaient cinq cents personnes.

COMITÉ

Séance du 18 décembre.

Présidence de M. Michotte, président; secrétaire, M. Clopin. Sont présents : MM. Bellan, Mager, Gréverath, d'Estrées, vice-présidents ; Barré, Verlot, Clopin, secrétaires ; Blanc, Dufourcq, Pérard, Mortreux, Lederman.

Excusés : MM. Blum, Brunet, Songy, de la Monnoye.

Le procès-verbal précédent est lu et adopté.

Diverses lettres concernant l'Exposition de 1900 et les congrès sont discutées.

Il est admis :

1 membre fondateur.

3 — patrons.

20 — actifs.

3 démissions, pour non-paiement, sont imposées.

M. Viardin est nommé 4e secrétaire du bureau.

Les sections nouvelles sont autorisées.

Sur proposition du bureau, il est décidé que la cotisation de membre fondateur pourra être payée en plusieurs fois.

Diplôme. — Un diplôme est créé ; le projet de M. Thivet est admis ; les diplômes seront de trois catégories : honneur, de mérite, et de fondateur.

L'achat d'une lanterne est autorisé.

M. Blanc dépose au nom de la Commission le projet de voyage en Algérie et Tunisie. Sur la proposition de M. Bellan, le Comité adopte la partie concernant la Tunisie, laquelle devra être développée, et réserve momentanément l'Algérie.

Bulletin. — M. Pérard propose que nos bulletins renferment, à l'avenir, la publication de nos conférences, comme cela avait été proposé précédemment.

Le Comité adopte.

Diverses autres questions sont renvoyées au prochain Comité.

La séance est levée à 11 heures.

CONFÉRENCES

NOVEMBRE

Nᵒˢ	Dates	Sections	Conférenciers	Sujets traités
85.	10	Villers-aux-Bois	MM. Beck	*La Nouvᵉ.-Calédonie.*
86.	15	Chaltrait	»	—
87.	16	Neuilly	Barré	*L'Égypte.*
88.	16	Colonel Bonnier	Michotte	*L'Algérie.*
89.	25	13ᵉ arrondissemᵗ	Barré	*Le Transvaal.*
90.	26	Alais	Randon	*La Colonisation.*
91.	29	Lieutenᵗ Mizon	H. Mager	*Pourquoi je suis colonial.*
92.	30	Colonel Bonnier	Durand	*Madagascar.*
93.	30	Francis Garnier	Barré	—

DÉCEMBRE

Nᵒˢ	Dates	Sections	Conférenciers	Sujets traités
94.	5	Meaux	MM. P. Barré	*Madagascar.*
95.	6	Alais	Randon	*L'expansion coloniale de 1789 à 1870.*
96.	9	Prégilbert	Papavoine	*Le Canada et sa colonisation.*
97.	9	Villers-aux-Bois	Beck	*Le Transvaal.*
98.	13	Chaltrait	»	—
99.	14	Francis Garnier	Michotte	*Notre expansion coloniale et notre éducation.*
100.	14	Lagny	P. Barré	*Le Transvaal.*
101.	14	Rennes	Berthaut	*Terre-Neuve.*
102.	16	Prégilbert	Papavoine	*Le Canada.*
103.	14	Moulins	P. Barré	*La Mission Marchand.*
104.	21	Levallois	»	*Le Transvaal.*
105.	23	Saint-Cloud	Durand	*Madagascar.*
106.	23	Saint-Florentin	Coquard	*La Tunisie.*
107.	25	Alais	Randon	*Notre expansion coloniale.*

N^{os}	Dates	Sections	Conférenciers	Sujets traités
108.	28	Lagny	MM. MICHOTTE	*De notre expansion coloniale.*
109.	29	Crampel	»	*De la nécessité de nos colonies.*
110.	30	Prégilbert	PAPAVOINE	*La viticulture en Algérie.*

JANVIER

N^{os}	Dates	Sections	Conférenciers	Sujets traités
111.	5	Francis Garnier	MM. MAGER	*Pourquoi je suis colonial.*
112.	5	Crampel	FOUCART	*Madagascar.*
113.	6	Prégilbert	PAPAVOINE	*La Tunisie.*
114.	11	Colonel Bonnier	BARRÉ	*Le Transvaal.*
115.	11	Vallery (Yonne)	GENET	*La Tunisie.*
116.	11	13ᵉ arrondissemᵗ	MAGER	*Madagascar.*
117.	12	Saint-Florentin	COQUART	*L'Annam.*
118.	12	Villers-aux-Bois	BECK	*Le Sénégal.*
119.	13	Olivet	PENOT	*La Guyane,* président M. Robichon.
120.	14	Brion (Yonne)	PAPAVOINE	*La Mitidja et le Sahel.*
121.	15	Chaltrait	BECK	*Le Sénégal.*
122.	15	Alais	RANDON	*La colonisation commerciale.*
123.	15	Nesle-le-Repons	LOYAUX	*Madagascar.*
124.	16	13ᵉ arrondissemᵗ	BARRÉ	*Le Transvaal.*
125.	18	—	MAGER	*Madagascar.*
126.	23	—	BARRÉ	—
127.	23	La Fourchotte	THUISTHAVERT	*Le Tonkin et l'Annam.*
128.	25	Meaux	MICHOTTE	*De la nécessité de nos colonies.*
129.	28	Colonel Bonnier	BONHOURE	*La Tunisie.*
130.	30	Prégilbert	PAPAVOINE	*L'éducation et les colonies.*
131.	30	Le Vigan	RANDON	*Nos colonies.*
132.	30	Olivet	POINTEAU	*Le Tonkin.*

FÉVRIER (*Conférences arrêtées*)

N^{os}	Dates	Sections	Conférenciers	Sujets traités
133.	2	La Fourchotte	MM. THUISTHAVERT	*La Nouvelle-Calédonie.*
134.	3	Prégilbert	PAPAVOINE	*Le Tonkin.*

Nos	Dates	Sections	Conférenciers	Sujets traités
135.	3	Cosne	LOMONT	*Algérie, Tunisie.*
136.	3	Olivet	POINTEAU	*Le Transvaal.*
137.	7	Alais	RANDON	*Comment on ne colonise pas.*
138.	8	Colonel Bonnier	MORTREUX	*Les colonies anglaises.*
139.	9	La Fourchotte	MM. THUISTHAVERT	*Le Dahomey.*
140.	9	Villers-aux-Bois	BECK	*La Tunisie.*
141.	15	Chaltrait	»	—
142.	12	Alais	RANDON	*Madagascar.*
143.	15	Boulogne	FOUCART	—
144.	17	Prégilbert	PAPAVOINE	*Le rôle de l'administration.*
145.	2	Colonel Bonnier	GAIRAUD	*La question guyanaise.*
146.		Saint-Quentin	MAGER	*Voyage en Océanie.*
147.		La Rochelle	MICHOTTE	*De la réforme de notre éducation.*
148.	1	Francis Garnier	MAGER	*Madagascar.*
149.		Châteaudun (Algérie)	DESGOFF	*Les Arts et les Cultes en Indo-Chine.*
150.		Orléans	POINTEAU	*Le Transvaal.*

MARS

Nos	Dates	Sections	Conférenciers	Sujets traités
151.	2	Villers-aux-Bois	MM. BECK	*L'Algérie.*
152.	5	Chaltrait	»	—
153.	17	X° arrondissement	MICHOTTE	*La Tunisie.*
154.		XX° arrondissement	LEMIRE	*Les Arts et les Cultes en Indo-Chine.*
155.	22	Section Lauzière	GAIRAUD	*La République de Libéria.*

NOUVELLES SECTIONS

30.	Villers-aux-Bois	Marne	Délégué : MM.	BECK.
31.	Mostaganem	Algérie	»	COSTECAL.
32.	Dijon	Côte-d'Or	»	BRUNEL.
33.	Vervins	Aisne		
34.	Boulogne	Seine	»	BLANC.
35.	XIII° arrond.	Paris	»	MAULVAULT.
36.	Olivet	Loiret	»	PENOT.
37.	Nesle-le-Repons	Marne	»	LOYAUX.

38.	Le Vigan	Gard	Délégué : MM.	BOUDON.
39.	Beaulieu-s.-Loire	Loiret	»	CHAMPENOIS.
40.	Vitry-aux-Loges	—	»	THIERCELIN.
41.	Beaune	Côte-d'Or	»	BRUNEL.
42.	Semur	—	»	—
43.	Cosne	Nièvre	»	LOMONT.
44.	Limoges	Haute-Vienne	»	MEYERAT.
45.	Argenteuil	Seine-et-Oise	»	WORMS.
46.	Meaux	Seine-et-Marne	»	VESSERON.

LISTE DES NOUVEAUX MEMBRES

Membres patrons.

JAVAL (Docteur), O. ✳, membre de l'Académie de médecine, 5, boulevard de la Tour-Maubourg.

DUBOIS, avoué, Vervins (Aisne).

RABAROUST, directeur du service central de la Presse, 5, place Saint-François-Xavier.

L'Union des Employés du Commerce d'exportation.

Membres actifs.

ARMSTRONG (Baron S.-G. D'), C. ✠, C. ✠✠✠✠, gentilhomme honoraire du roi de Portugal, 40, avenue Kléber.

BLANCHARD, Emile, 43, rue Berthe.

BOUDON, L., instituteur, Le Vigan (Gard).

BRETONNEAU, Henri, 19, quai Malaquais.

BRUNEL, Henri, avocat, Labergement-les-Seurre (Côte-d'Or).

CABANNE, Fernand, explorateur, 49, rue des Batignolles.

CAROUSSET (Mlle), institutrice, 216, rue des Pyrénées.

CHAMPENOIS, instituteur, Beaulieu-sur-Loire (Loiret).

COSTECAL, Pascal, ✇, O. ✠✠✠, villa Euterpe, Mostaganem.

COQUART, instituteur, à Saint-Florentin (Yonne).

DELAHAYE, F.-D., ✠✠, 127, avenue des Champs-Elysées.

EXPERT, à la Rochelle (Charente-Inférieure).

FERRIÈRE, Paul, négociant, 5, rue de Vitry, à Ivry (Seine).

FRAENZEL, 63, rue François-Miron.

GAIRAUD, Paul, ✠, publiciste, 96, cours Jacob, Rochefort.

GENET, instituteur, à Vallery (Yonne).

IVEN, Albert, étudiant, 45, quai Bourbon.

LETAINTURIER, Jules, ✪, ✠, consul, château de Trucy, 31, avenue de la Gare, Nice.

LOMONT, inspecteur primaire, Cosne (Nièvre),

LOYAUX, A., instituteur, à Nesle-le-Repons (Marne).

MAHY (DE), député, 37 *bis*, rue de Bourgogne.

MAULVAULT, Paul, 19, avenue des Gobelins.

MEYRAT, professeur, Ecole de Commerce, Limoges.

MUARD, ingénieur, E. C. P., 46, rue Richelieu.

PENOT, instituteur, à Olivet (Loiret).

POINTEAU, D., instituteur-adjoint, Olivet (Loiret).

POMMEROL (Mme), exploratrice, 46, rue de Babylone.

ROBERGE, Henri, négociant, rue de la Tour d'Auvergne.

THIERCELIN, Charles, instituteur, Vitry-aux-Loges (Loiret).

THUISTHAVERT, instituteur, à la Fourchotte (Yonne).

VALLE-PICAUD, Edouard, électricien, 23, avenue Trudaine.

VESSERON, négociant, à Meaux (Seine-et-Marne):

VIARDIN, Alfred, 19, rue Cail.

WATRIN, Emile, carrefour de Montesson, au Vésinet (Seine-et-Oise).

WATTEVILLE DE GUILLAUME, 61, rue de Passy.

WORMS, Paul, négociant, Argenteuil (Seine-et-Oise).

Adhérents.

ATGIER, Georges, président des Hospitaliers-Sauveteurs, rue de l'Arsenal, Rochefort.

BERTILLON, à Dijon (Côte-d'Or).

DURIN, Jacques, 26, rue de Courcelles-Levallois.

JACQUIER, avocat, 6, rue de Navarin.

KIRSCH, Eugène, 27, rue Oberkampf.

LEROY, Ch., ✠ (M. H.), 6, cité Vaux-Hall.

RIBEIL, Pierre, ✠, (M. M.), (M. C.), 12, rue du Rempart, Rochefort.

SCHMITT, Eugène, étudiant, ancienne gare d'Orléans.

Distinctions honorifiques.

Officier du Dragon d'Annam.

Michotte, Félicien, président.

Chevalier du Cambodge.

Daffry de la Monnoye, Henri, trésorier.

Commandeur du Nichan-Iftickar.

Bellan, vice-président.

Officier.

Gréverath, —

Officier de l'Etoile d'Anjouan.

Blum, Fernand, membre du Comité.

Rappel de lettre de félicitation.

M. Regan, délégué de Saint-Quentin.

Bibliothèque.

Nous rappelons à nos membres que les ouvrages de la bibliothèque, dont la liste se trouve dans les divers bulletins, sont à leur disposition, et qu'ils leur sont adressés *franco* sur demande.

Carte.

Les membres ont droit à une carte personnelle ; ceux d'entre nos collègues qui ne l'auraient pas reçue peuvent la réclamer.

Cotisation.

La cotisation est due du 1er janvier au 31 décembre ; nous prions nos collègues de province, pour éviter des frais de recouvrement, de l'adresser directement au siège ou de la verser au délégué de leur section.

Recouvrement.

Nous prévenons les membres que les quittances seront mises en recouvrement LE 15 FÉVRIER. Ils sont priés de leur réserver bon accueil.

Ouvrages reçus pour la Bibliothèque.

Commandant Toutée : *Du Dahomey au Sahara*.
MAGER, Henri. *Atlas colonial*. Flammarion, prix : 1 fr. 50.
Collection de la *Revue des cultures coloniales*, Dʳ MILNE-POUTINGON.
Commandant Toutée : *Dahomey, Niger, Touareg*.
L'Expansion coloniale française, Dʳ SONGY.
Les renseignements de l'Office colonial. ⎫
La Revue de Madagascar. ⎭ Organes du Comité
Chambre de commerce de Paris : *Sept Conférences sur notre commerce extérieur*.
De Lanessan : *L'Expansion coloniale*.

Conférences à la disposition des Conférenciers.

Nᵒˢ 1. — La réforme de notre éduca-
      tion familiale......... (F. MICHOTTE).
2. — La Tunisie .... — avec vues.
      (Géographie et colonisation).
3. — La Tunisie pittoresque..... — —
4. — L'Algérie............... — —
      (Géographie et colonisation).
5. — L'Algérie pittoresque. .... — —
6. — Madagascar............. (M. G. FOUCART). —
7. — Les Arts et les Cultes en
      Indo-Chine........... (CH. LEMIRE). —
8. — A la conquête des débouchés
      commerciaux........... (M. MEYRAT).
9. — Le commerce extérieur et
      l'expansion coloniale... (L. LANIER).
10. — Le commerce français d'ex-
      portation .... (V. LOURTIERS).
11. — L'exportation française .... (J. SIEGFRIED).

VOYAGE EN TUNISIE

Voir notice ci-jointe.

DOLE-DU-JURA. — IMPRIMERIE L. BERNIN

COMITÉ

Président :

M. P.   M. Michotte (Félicien), ✠, ✿, O. ✠✠✠.

Vice-Présidents :

MM. Bellan (Léopold), ✳, I. ✿, C. ✠.
Mager (Henri).
M. P.   Gréverath, I. ✿, O. ✠✠✠✠.
D'Estrées (Georges), ✿, O. ✠✠.

Secrétaires :

| MM. Barré (Paul), ✿. | MM. Verlot. |
| Clopin. | Viardin. |

Trésorier :

M. Daffry de la Monnoye (Henri), ✠.

Membres :

MM. Bellais (Henri), ✿.
M. P.   Blanc (Alexis).
Blum (Fernand), ✿, ✠, C. ✠✠.
Brunet (Louis), ✿, ✠, C. ✠✠, O. ✠.
Dufourcq (Léon), ✿, O. ✠✠.
Iven (Albert).
M. P.   Ledermann (Joseph).
Mortreux (G.).
Perard (Jules), ✿, O. ✠.
Songy (L.), ✠.

PLACEMENT

La Société a des demandes :

1° De plusieurs jeunes gens ;

2° De petits capitalistes cherchant un associé comme colon ou commerçant.

3° D'ingénieurs et de chimistes.

Il est répondu gratuitement à toute demande adressée au siège.

OFFICES COLONIAUX

DE RENSEIGNEMENTS

OFFICE COLONIAL, Galerie d'Orléans.

— D'ALGÉRIE, 11, rue Le Peletier.

— DE TUNISIE, 44, rue de la Chaussée-d'Antin.

— DU COMMERCE EXTÉRIEUR, 3, rue Feydeau.

OFFICE TECHNIQUE

21, rue Condorcet, 21

INSTALLATION D'USINES

MACHINES A TRAVAILLER LES TEXTILES

Ramie — Agave